Matemáticas 3 PRIMARIA

Cuaderno tercer trimestre

El **cuaderno Matemáticas** para 3.º de PRIMARIA, tercer trimestre, es una obra colectiva concebida, diseñada y creada en el departamento de Ediciones Educativas de Santillana Educación, S. L., dirigido por **Antonio Brandi Fernández**.

CREACIÓN Y EDICIÓN
Pilar García Atance

ILUSTRACIÓN
José Pablo Espada Jiménez
José María Valera Estévez

EDICIÓN EJECUTIVA
José Antonio Almodóvar Herráiz

DIRECCIÓN DEL PROYECTO
Domingo Sánchez Figueroa

DIRECCIÓN Y COORDINACIÓN EDITORIAL
2.º CICLO-PRIMARIA
Maite López-Sáez Rodríguez-Piñero

Proyecto **Los Caminos del Saber**

SANTILLANA

FICHA 1. El decímetro

1 Expresa en centímetros.

- 2 dm = ____ cm
- 3 dm = ____ cm
- 4 dm = ____ cm
- 5 dm = ____ cm
- 6 dm = ____ cm
- 7 dm = ____ cm
- 8 dm = ____ cm
- 9 dm = ____ cm
- 15 dm = ____ cm
- 34 dm = ____ cm
- 58 dm = ____ cm
- 76 dm = ____ cm

2 Expresa en decímetros.

- 20 cm = ____ dm
- 40 cm = ____ dm
- 60 cm = ____ dm
- 70 cm = ____ dm
- 80 cm = ____ dm
- 90 cm = ____ dm

3 Expresa en centímetros. Hazlo como en el ejemplo.

▶ Ejemplo:

1 dm y 3 cm

▼ ▼

10 cm + 3 cm = 13 cm

- 2 dm y 6 cm
- 3 dm y 7 cm
- 6 dm y 8 cm
- 8 dm y 9 cm

4 Observa el dibujo y calcula.

- ¿Cuántos centímetros mide cada cinta?

 ▶

 ▶

- ¿Cuántos centímetros miden las dos cintas juntas?
- ¿Cuántos centímetros mide la cinta azul más que la roja?

5 **Expresa en decímetros y centímetros. Fíjate en cómo lo hace Miguel.**

- 29 cm
- 47 cm
- 53 cm
- 89 cm

6 **Lee y resuelve.**

- Celia ya ha terminado su puzle. ¿Cuántos centímetros de largo más que de ancho mide?

SOLUCIÓN ______________________

- Celia ha decidido que va a ponerle un marco. ¿Cuántos centímetros de listón necesita?

SOLUCIÓN ______________________

- Calcula el largo y el ancho en centímetros de cada marco, y rodea el que ha elegido Celia.

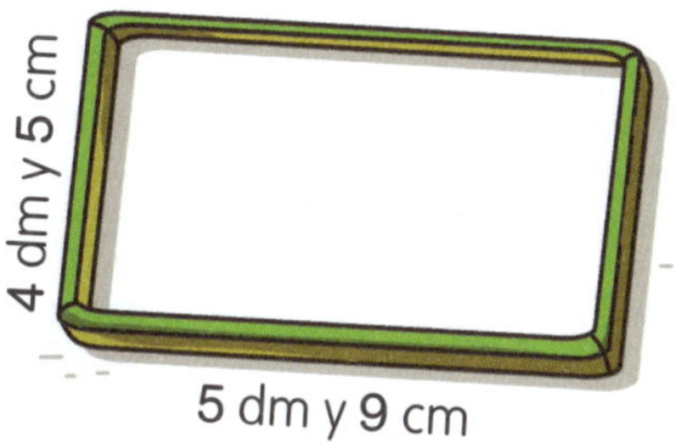

Largo = ________

Ancho = ________

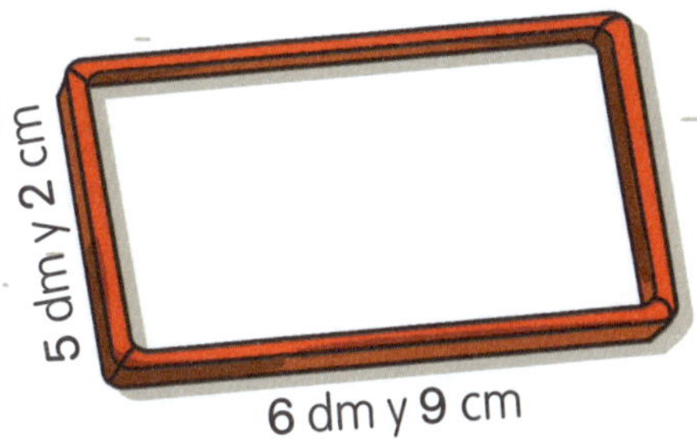

Largo = ________

Ancho = ________

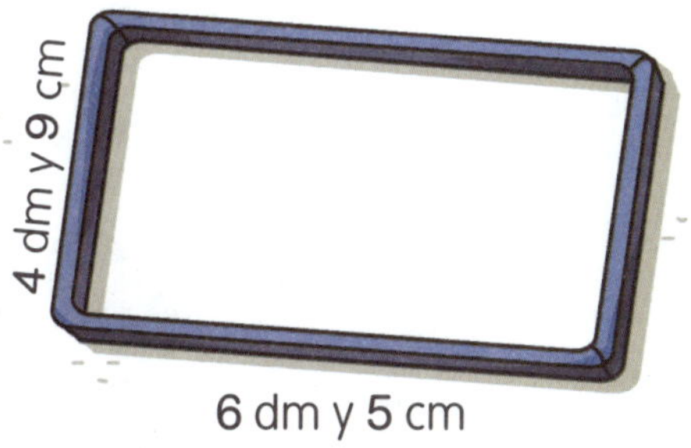

Largo = ________

Ancho = ________

FICHA 2. El metro

1 **Expresa en la unidad indicada.**

En decímetros

- 2 m = ____ dm
- 3 m = ____ dm
- 4 m = ____ dm
- 5 m = ____ dm

En metros

- 60 dm = ____ m
- 70 dm = ____ m
- 80 dm = ____ m
- 90 dm = ____ m

En centímetros

- 4 m = ____ cm
- 5 m = ____ cm
- 7 m = ____ cm
- 9 m = ____ cm

En metros

- 200 cm = ____ m
- 300 cm = ____ m
- 600 cm = ____ m
- 800 cm = ____ m

2 **Calcula y expresa en la unidad indicada.**

En decímetros

- 2 m y 8 dm = ________
- 3 m y 5 dm = ________
- 4 m y 7 dm = ________
- 5 m y 4 dm = ________
- 7 m y 6 dm = ________
- 9 m y 7 dm = ________

En centímetros

- 3 m y 2 cm = ________
- 4 m y 5 cm = ________
- 5 m y 6 cm = ________
- 7 m y 65 cm = ________
- 8 m y 70 cm = ________
- 9 m y 89 cm = ________

3 **Calcula y relaciona las cartelas que expresan la misma medida.**

1 m, 2 dm y 5 cm

2 m, 1 dm y 5 cm

2 m, 5 dm y 1 cm

251 cm

215 cm

125 cm

4 **Averigua qué rollo de cordón compró cada niño y coloréalo.**

- Andrea compró **2** m, **4** dm y **8** cm.
- Gerardo compró **3** m, **8** dm y **2** cm.
- Carlota compró **4** m y **2** dm.
- Jaime compró **4** m y **2** cm.

5 **Resuelve.**

- Merche ha puesto en su tienda varias ofertas de telas. Hoy ha vendido **24** m de tela de rayas y **12** m de tela de flores. ¿Cuánto ha recaudado hoy por esta venta?

SOLUCIÓN ______________________________

- Para el escenario de un teatro, Juan compró **34** m de tela de cuadros y **9** m de flores. Pagó con **500** €. ¿Cuánto le devolvieron?

SOLUCIÓN ______________________________

- Carolina gastó **108** € en tela de flores y **112** € en tela de rayas. ¿Cuántos metros de tela compró en total?

SOLUCIÓN ______________________________

FICHA 3. El kilómetro

1 **Expresa en metros.**

- 2 km = ______ m
- 6 km = ______ m
- 4 km = ______ m
- 9 km = ______ m
- 15 km = ______ m
- 34 km = ______ m
- 58 km = ______ m
- 76 km = ______ m

2 **Expresa en metros. Hazlo como en el ejemplo.**

▶ Ejemplo:

1 km y 120 m

▼ ▼

1.000 m + 120 m = 1.120 m

- 2 km y 250 m
- 4 km y 75 m
- 6 dm y 395 m
- 5 km y 6 m

3 **Relaciona.**

4 **Expresa en kilómetros.**

- 12 km y 2.000 m = ____ km + ____ km = ____ km
- 45 km y 4.000 m = ____ km + ____ km = ____ km
- 32 km y 6.000 m = ____ km + ____ km = ____ km
- 61 km y 8.000 m = ____ km + ____ km = ____ km

5 **Observa el plano y resuelve.**

- Juan salió de su casa en bicicleta y fue a casa de su amiga Inés. Desde allí, los dos juntos fueron en bicicleta hasta el parque. ¿Cuántos metros recorrió Juan más que Inés?

SOLUCIÓN ______________________________

____

- Los abuelos de Juan han cogido el autobús hasta la casa de Inés y, desde allí, van andando a la casa de Juan. ¿Cuántos metros recorren en autobús más que andando?

SOLUCIÓN ______________________________

____

- Inés y su madre van todos los días andando al parque. Cuando han recorrido la mitad del camino se paran a descansar. ¿Cuántos metros han recorrido cuando se paran?

SOLUCIÓN ______________________________

6 **RAZONAMIENTO. ¿Cuántos metros recorrió cada niño? Calcula y relaciona.**

Carlos recorrió más metros que Gustavo y menos que Silvia.

2 km y 750 m

3 km y 650 m

5 km y 200 m

FICHA 4. Mejoro mis competencias

1 **Lee y resuelve.**

Julio necesita un móvil para su trabajo.
En la empresa le han ofrecido estos tres modelos para elegir.

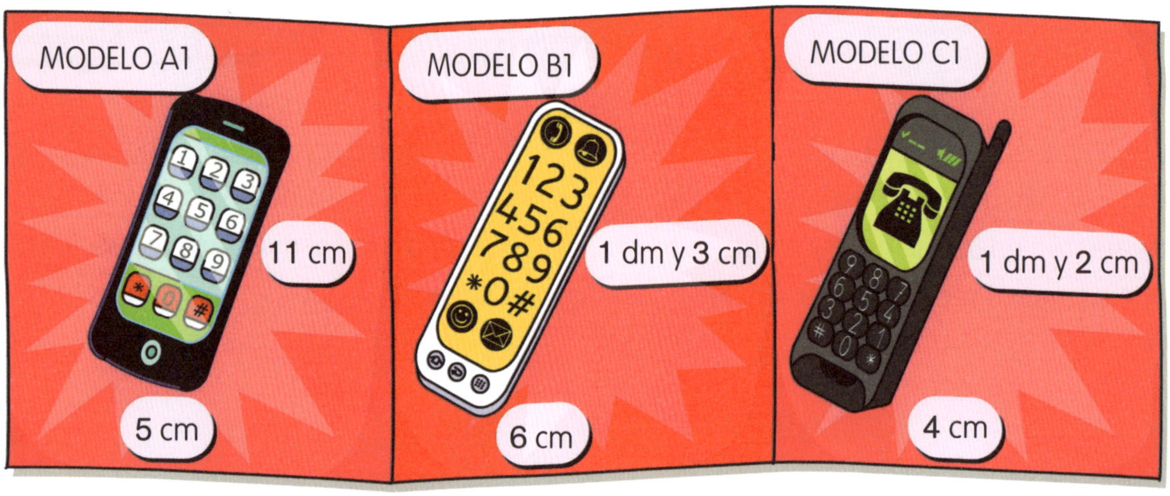

- ¿Cuántos centímetros mide cada móvil de largo y de ancho?

	MODELO A1	MODELO B1	MODELO C1
Largo	11 cm		
Ancho	5 cm		

- ¿Cuántos centímetros de largo más que de ancho mide cada móvil?

MODELO A1 ▶ ____________________

MODELO B1 ▶ ____________________

MODELO C1 ▶ ____________________

- Julio ha elegido el móvil que tiene su largo el triple que su ancho. ¿Qué modelo de móvil ha elegido Julio?

SOLUCIÓN ____________________

- El precio del móvil A1 es de 110 € y el del móvil C1 es la mitad más 9 €. ¿Qué precio tiene el móvil C1?

SOLUCIÓN ____________________

FICHA 5. Repaso

1 **Busca y colorea la zona con el número que se indica.**

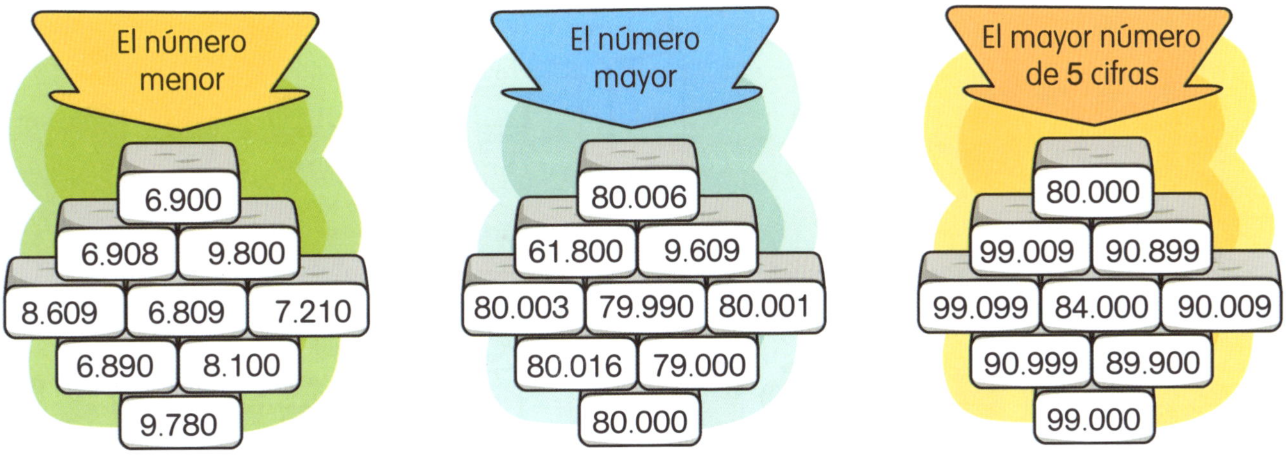

- Escribe cómo se lee el número que has coloreado en cada caso.

______________________________.

______________________________.

______________________________.

2 **Completa las series y colorea los resultados.**

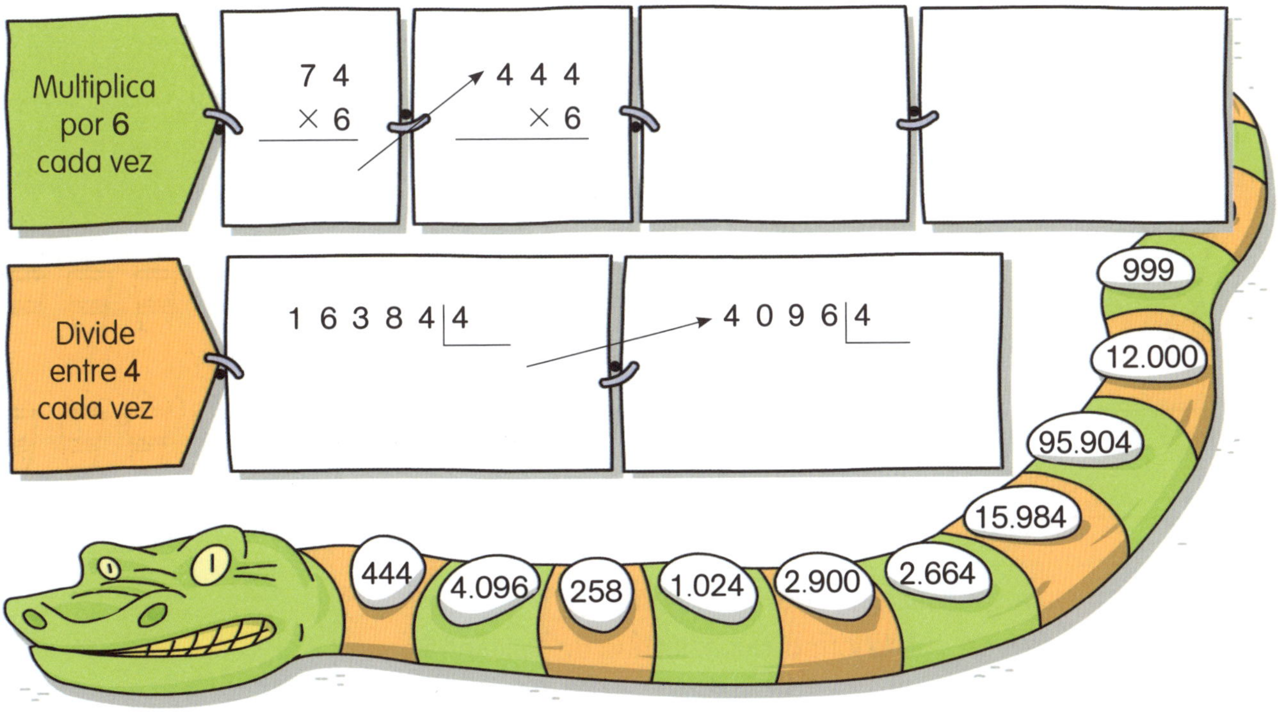

FICHA 1. Litro, medio litro y cuarto de litro

1 ¿Cuántos litros hay? Cuenta y completa.

RECUERDA

1 litro = 2 medios litros

1 litro = 4 cuartos de litro

Hay ______________________

____

____

____

2 Colorea los recipientes para formar la cantidad que se indica.

- Compara tu respuesta con la de tu compañero.
  ¿Es la misma? ¿Se puede formar una cantidad de distintas formas?

____

3 Calcula y completa.

¿Cuántos medios litros son?

- 3 ℓ = ______
- 4 ℓ = ______
- 6 ℓ = ______
- 8 ℓ = ______

¿Cuántos cuartos de litro son?

- 2 ℓ = ______
- 5 ℓ = ______
- 7 ℓ = ______
- 8 ℓ = ______

4 Observa el dibujo y resuelve.

- Isabel compra **2** litros de zumo en cartones de medio litro. ¿Cuántos cartones compra? ¿Cuánto paga en total?

SOLUCIÓN ______

- Alejandro compra un cartón de **1** litro y **5** cartones de cuarto de litro. ¿Qué cantidad de zumo compra? ¿Cuánto paga en total?

SOLUCIÓN ______

- Imagina que quieres comprar **2** litros y medio de zumo. ¿Qué cartones comprarías? ¿Cuánto pagarías?

SOLUCIÓN ______

FICHA 2. Kilo, medio kilo y cuarto de kilo

1 **¿Cuánto pesa cada bolsa? Observa las balanzas y completa.**

RECUERDA

1 kilo = 2 medios kilos

1 kilo = 4 cuartos de kilo

____

____

____

____

2 **Calcula y completa.**

- 2 kg ________________
- 3 kg ________________
- 6 kg ________________
- 1 kg y medio ________________
- 4 kg y medio ________________
- 5 kg y medio ________________

- 4 kg ________________
- 5 kg ________________
- 7 kg ________________
- 2 kg y cuarto ________________
- 3 kg y cuarto ________________
- 6 kg y cuarto ________________

3 **Dibuja en cada platillo las pesas necesarias para equilibrar cada balanza.**

RECUERDA

1 kg

▶ Medio kilo

▶ Cuarto de kilo

4 **Lee y resuelve.**

PLÁTANOS: 1 kg ▶ 2 €

FRESAS: 1 cuarto de kg ▶ 90 céntimos

MANZANAS: 2 kg y medio ▶ 5 €

- ¿Cuánto cuesta **1** kg y medio de plátanos?

SOLUCIÓN ______________________________

- ¿Cuánto cuesta **1** kg y cuarto de fresas?

SOLUCIÓN ______________________________

- Eva compra **1** kg de plátanos, medio kilo de fresas y **2** kg y medio de manzanas. ¿Cuántos kilos de fruta compra? ¿Cuánto pagará en total?

SOLUCIÓN ______________________________

____

- Ricardo compra **1** kg y medio de plátanos, **1** kg y medio de fresas y **5** kg de manzanas. ¿Cuántos kilos de fruta compra? ¿Cuánto paga por esta compra?

SOLUCIÓN ______________________________

____

FICHA 3. El kilo y el gramo

1 **Expresa en gramos.**

- 2 kg = ______ g
- 3 kg = ______ g
- 7 kg = ______ g
- 9 kg = ______ g

- 1 kg y 250 g = ______ g
- 2 kg y 120 g = ______ g
- 3 kg y 325 g = ______ g
- 4 kg y 750 g = ______ g

2 **Expresa en kilos y gramos. Hazlo como en el ejemplo.**

▶ Ejemplo:

1.345 g = 1.000 g + 345 g

▼ ▼

1 kg + 345 g = 1 kg y 345 g

- 1.438 g = ______________
- 6.270 g = ______________
- 2.095 g = ______________
- 5.109 g = ______________
- 4.070 g = ______________
- 8.003 g = ______________

3 **¿Cuántos gramos pesa cada paquete? Calcula y contesta.**

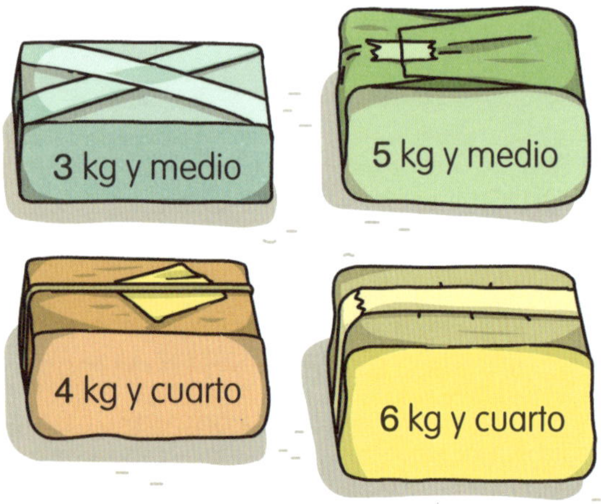

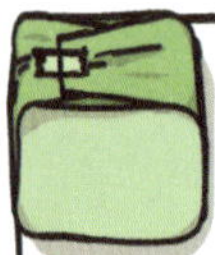

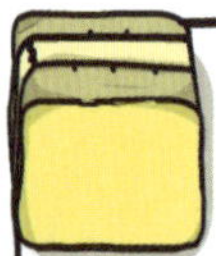

4 **Lee y resuelve.**

En el camión de Gonzalo se puede cargar un máximo de 5.000 kg.

- Gonzalo carga en su camión la viga más pesada y la menos pesada. ¿Cuántos kilos más podrá cargar?

SOLUCIÓN ______________________________

____

- Gonzalo tiene que transportar 5 vigas pequeñas y una mediana. ¿Podrá llevarlas todas en un viaje? ¿Por qué?

SOLUCIÓN ______________________________

____

- Un día, Gonzalo cargó en su camión 3 vigas medianas. El resto de la carga eran paquetes de 5 kg cada uno. ¿Cuántos paquetes llevaba en su camión?

SOLUCIÓN ______________________________

____

- La semana pasada, Gonzalo llevó 8 vigas a una obra. Cada viga pesaba la mitad de lo que pesa la viga grande. ¿Cuántos kilos de carga llevaba?

SOLUCIÓN ______________________________

____

5 **RAZONAMIENTO. Piensa y rodea.**

Paula quiere un kilo de fresas.
Rodea las dos bandejas
que puede comprar.

FICHA 4. Mejoro mis competencias

1 Lee y resuelve.

En la planta de envasado hay tres depósitos con zumo.
El zumo se envasa en paquetes de cuarto de litro, de medio litro y de **2** litros.

- ¿Cuántos paquetes de medio litro se necesitan para envasar el zumo de naranja?

SOLUCIÓN ____________________

- ¿Cuántos paquetes de cuarto de litro se necesitan para envasar el zumo de limón?

SOLUCIÓN ____________________

- ¿Cuántos paquetes de cada clase se necesitan para envasar el zumo de manzana?

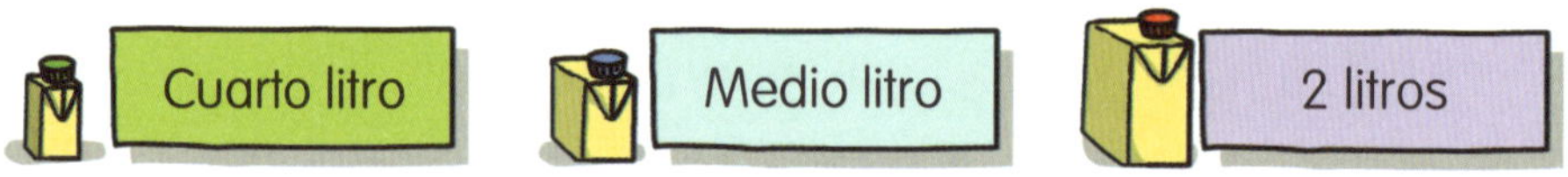

SOLUCIÓN ____________________

- Un depósito tenía **90** litros de zumo de piña. Primero se sacaron **12** litros y el resto se envasó en botellas de **2** litros. ¿Cuántas botellas se llenaron?

SOLUCIÓN ____________________

FICHA 5. Repaso

1 **Busca los números que se indican y escríbelos en el cuadro.**

Número cuya cifra de las decenas de millar es 8. ▶					
Número cuya cifra de las unidades de millar es igual a la de las unidades. ▶					
Número cuya cifra de las unidades es el triple que la cifra de las decenas. ▶					
La suma de la cifra de las unidades de millar y la de las decenas es igual a 10. ▶					
La suma de la cifra de las decenas de millar y unidades de millar es igual a 15. ▶					

Un número es capicúa cuando se lee igual de izquierda a derecha que de derecha a izquierda; por ejemplo, son capicúas **191**, **3.993** y **45.054**.

2 **Escribe cómo se lee el número que aparece en cada columna del cuadro anterior.**

▶ ______________________________

▶ ______________________________

▶ ______________________________

▶ ______________________________

▶ ______________________________

13 FICHA 1. El reloj de agujas

1 **Escribe la hora que marca cada reloj.**

_______________ _______________ _______________

_______________ _______________ _______________

_______________ _______________ _______________

_______________ _______________ _______________

2 **Dibuja las manecillas de cada reloj para que marque la hora que se indica.**

Las **10** y diez	Las **6** y veinte	Las **7** menos cinco	Las **5** menos veinticinco

3 **Calcula cuántos minutos son.**

RECUERDA

1 hora = **60** minutos

Media hora = **30** minutos

Cuarto de hora = **15** minutos

- **2** horas = _______________
- **4** horas = _______________
- **1** hora y cuarto = _______________
- **3** horas y cuarto = _______________
- **2** horas y media = _______________
- **4** horas y media = _______________

4 Observa los relojes y calcula.

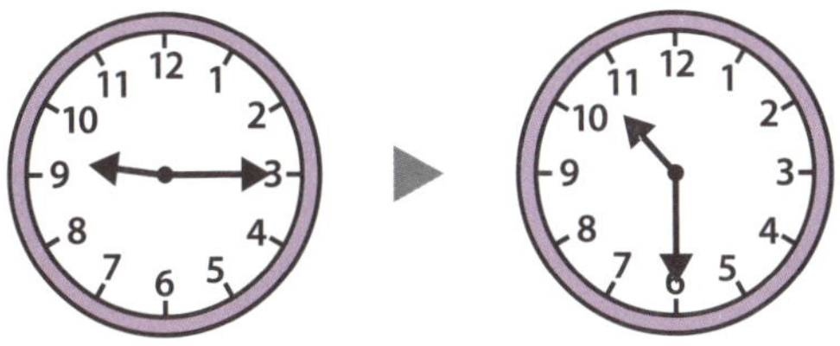

- ¿Cuántas horas y minutos han pasado?

____

- ¿Cuántos minutos son?

____

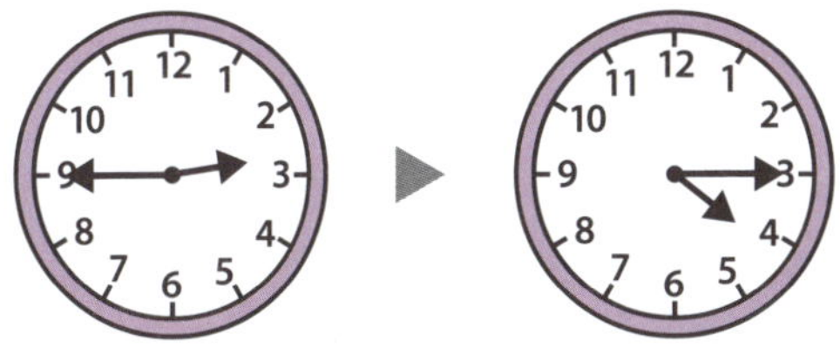

- ¿Cuántas horas y minutos han pasado?

____

- ¿Cuántos minutos son?

____

5 Resuelve.

- El viernes los alumnos de **3.º** fueron a ver una exposición de esculturas. Entraron a las **9** y cuarto de la mañana y salieron a las **12** y media. ¿Cuánto tiempo estuvieron viendo la exposición? ¿Cuántos minutos son?

SOLUCIÓN _______________________________

- Los amigos de Juanjo han ido al cine. La película comenzó a las **7** menos cuarto y duró **2** horas y cuarto. ¿A qué hora terminó?

SOLUCIÓN _______________________________

- Alberto va a coger un tren que sale a las **4** y media de la tarde. El tren se retrasó media hora. Si el viaje duró **2** horas y tres cuartos, ¿a qué hora llegó Alberto a su destino?

SOLUCIÓN _______________________________

FICHA 2. El reloj digital

1 Observa los relojes digitales y colorea.

▶ Los relojes que marcan una hora después del mediodía.

▶ Los relojes que marcan una hora antes del mediodía.

13:15	10:30	8:25	15:20	16:05	9:10

2 Relaciona los relojes que marcan la misma hora.

3 Dibuja las manecillas para que marquen la hora que se indica.

4 Completa las horas.

5 Observa el ejemplo y escribe la hora que marca cada reloj.

▶ Ejemplo:

17:30

Las **5** y media de la tarde.

- 14:10 ▶ ______________________
- 16:30 ▶ ______________________
- 18:25 ▶ ______________________
- 23:20 ▶ ______________________

6 Lee y representa en un reloj digital cada hora.

- Los sábados desayuno a las **10** y media de la mañana. ▶ ▭
- Los jueves voy a la piscina a las **7** y cuarto de la tarde. ▶ ▭
- El domingo a las **11** y diez de la mañana me fui al zoo. ▶ ▭
- El viernes voy al cine a las **5** y veinte de la tarde. ▶ ▭

7 Primero, ordena las escenas. Después, copia cada reloj donde corresponda.

☐

1.º

☐

21:00

16:45

17:15

8 Representa en un reloj digital la hora a la que sales del colegio y a la que te acuestas.

- Salgo del colegio. ▶ ▭
- Me acuesto. ▶ ▭

FICHA 3. Monedas y billetes

1 Calcula cuántos euros y céntimos hay y relaciona.

 16 € y 70 céntimos 

 ____________________ 

 ____________________ 

 ____________________ 

2 Lee y escribe el precio de cada artículo en euros.

- La botella de aceite cuesta **3** euros y **25** céntimos.
- La caja de galletas cuesta **2** euros y **95** céntimos.
- La camiseta cuesta **15** euros y **50** céntimos.
- Los pantalones cuestan **25** euros y **90** céntimos.
- El televisor cuesta **199** euros y **99** céntimos.
- El frigorífico cuesta **340** euros y **75** céntimos.

3 **Observa el dibujo y calcula.**

- ¿Cuántos céntimos cuestan la carpeta y la caja de pinturas? ¿Cuántos euros y céntimos son?

SOLUCIÓN ______________________

- Arancha compra la caja de pinturas y paga con un billete de **5** €. ¿Cuánto le devuelven?

SOLUCIÓN ______________________

4 **Resuelve.**

- Elena ha ido al banco a sacar dinero. Le han dado **25** billetes de **20** € y **12** billetes de **5** €. ¿Cuánto dinero ha sacado en total?

SOLUCIÓN ______________________

- Gustavo compra una moto por **4.200** €. Primero paga **690** € y el resto lo paga en **6** partes iguales. ¿Cuánto paga cada vez?

SOLUCIÓN ______________________

5 **RAZONAMIENTO. Lee y dibuja las monedas.**

¿Cuántas monedas, como mínimo, necesitas para reunir **3,25** €?

FICHA 4. Mejoro mis competencias

1 Lee y resuelve.

Mañana es el cumpleaños de Daniel y sus **6** amigos han quedado para comprarle un regalo.

- Los amigos de Daniel quedaron a las **17:30**. Estuvieron buscando el regalo durante una hora y media y, después, merendaron hasta las **20:30**. ¿Cuánto tiempo estuvieron merendando?

SOLUCIÓN ______________________

____

- Los amigos de Daniel han visto un reloj-radio por **40** € y una cámara de fotos por **50** €. ¿Cuál de los dos regalos pueden comprar? ¿Cuánto dinero les sobrará?

SOLUCIÓN ______________________

____

- El día de su cumpleaños, Daniel invitó a sus amigos a merendar. Los siete fueron a una hamburguesería. Daniel pagó con **65** € y le sobraron **2** €. ¿Cuánto costó la merienda de cada uno?

SOLUCIÓN ______________________

____

- En casa de Daniel se tomaron unos zumos. Bebieron **4** zumos de naranja y **3** de limón, todos del mismo precio. En total habían costado **5,60** €. ¿Cuánto costaba cada zumo?

SOLUCIÓN ______________________

____

FICHA 5. Repaso

1 **Completa cada serie.**

Suma 542 cada vez

2.365

$$\begin{array}{r} 2365 \\ +\ 542 \\ \hline \end{array}$$

$$\begin{array}{r} 2907 \\ +\ 542 \\ \hline \end{array}$$

Resta 375 cada vez

8.210

$$\begin{array}{r} 8210 \\ -\ 375 \\ \hline \end{array}$$

Multiplica por 4 cada vez

13

$$\begin{array}{r} 13 \\ \times\ 4 \\ \hline \end{array}$$

Divide entre 3 cada vez

4.374

4374 | 3

- Escribe cómo se lee el último número de cada serie.

▶ ______________________________

▶ ______________________________

▶ ______________________________

▶ ______________________________

FICHA 1. Perímetro de un polígono

1 **Calcula el perímetro de cada polígono.**

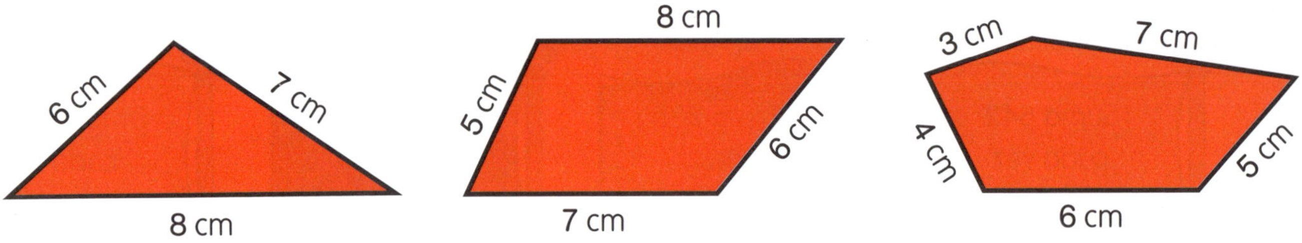

2 **Mide los lados y calcula el perímetro.**

Triángulo

Cuadrilátero

Pentágono

3 **¿Qué polígonos tienen todos sus lados iguales? Rodéalos y completa cada frase.**

Triángulo escaleno	Rombo	Cuadrado
Rectángulo	Triángulo equilátero	Pentágono

- El ______________________ tiene los tres lados iguales.
- El ____.
- El ____.
- El ____.

4 **¿Cuánto mide el lado de un cuadrado cuyo perímetro es igual a 20 cm?**

5 Lee y resuelve.

A Juan le gusta mucho hacer fotos.
Estas son algunas de las fotos que ha hecho hoy.

Largo ▶ 7 cm
Ancho ▶ 10 cm

Largo ▶ 9 cm
Ancho ▶ 13 cm

Largo ▶ 13 cm
Ancho ▶ 18 cm

- Juan le va a poner un marco a la foto que mide **4** cm de ancho más que de largo. ¿Cuántos centímetros de listón necesita?

SOLUCIÓN ______________________________

____

- Para poner un marco a la foto que mide **3** cm de largo más que de ancho, Juan ha comprado un metro de listón de madera. ¿Cuántos centímetros de listón le sobran?

SOLUCIÓN ______________________________

____

- ¿Cuánto costaría poner un marco a la foto más grande con cada clase de listón?

MODELO A: **15** € el metro

MODELO B: **19** € el metro

MODELO C: **23** € el metro

FICHA 2. Área con un cuadrado unidad

1 Cuenta el número de cuadrados que forman cada figura y escribe cuál es su área.

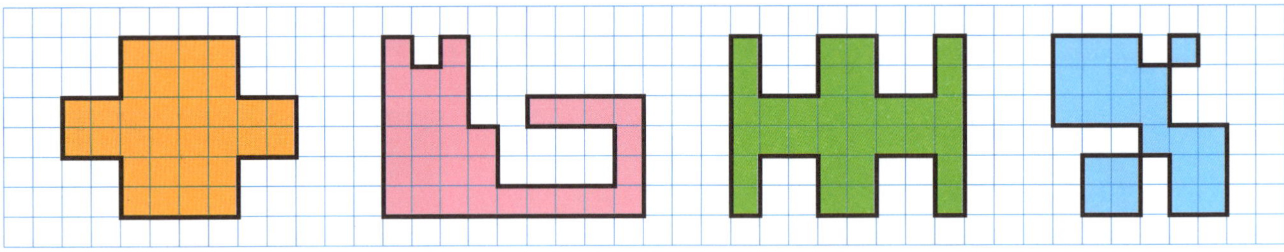

Área = ______   Área = ______   Área = ______   Área = ______

2 ¿Qué figura tiene el área mayor? ¿Y menor? Averigua y completa.

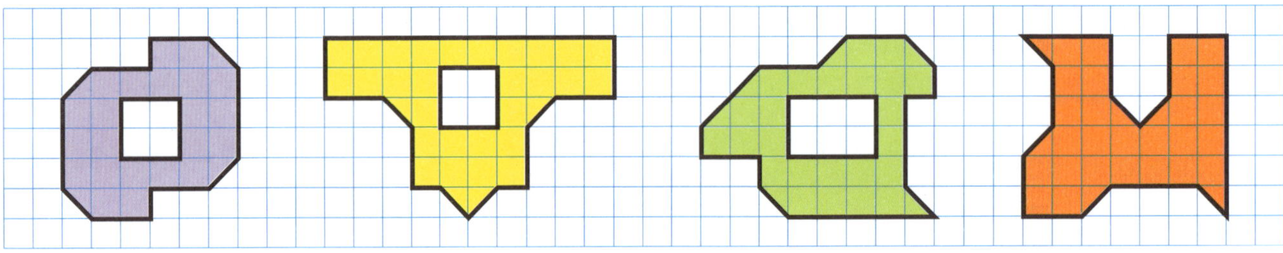

Área = ______   Área = ______   Área = ______   Área = ______

Área mayor ▶ ______________________

Área menor ▶ ______________________

3 Dibuja.

- Una figura cuya área es 12.
- Una figura cuya área es 15.
- Un cuadrilátero cuya área es 14.
- Un cuadrado cuya área es 16.

4 Observa los cuadrados que forman cada figura y escribe su área.

Área = ______ Área = ______ Área = ______ Área = ______

- ¿Tienen las dos figuras verdes la misma área? ¿Y las dos figuras amarillas?

____

____

- ¿El área de una figura depende del cuadrado que tomemos como unidad? Explica por qué.

____

____

5 Lee y resuelve.

En el dibujo aparecen las fincas de Matías y su vecino Gonzalo.

Matías Gonzalo

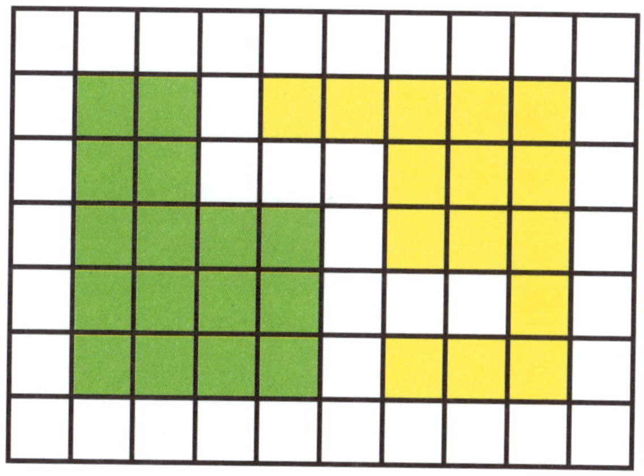

- ¿Cuál de las dos fincas tiene mayor área?

Matías ▶ ______

Gonzalo ▶ ______

____

- Imagina que el lado de la cuadrícula mide 10 metros.
¿Cuánto medirá el perímetro de la finca de cada uno?

Matías ▶ ____

Gonzalo ▶ ____

FICHA 3. Simetría y traslación

1 **Dibuja la figura simétrica respecto a la recta roja.**

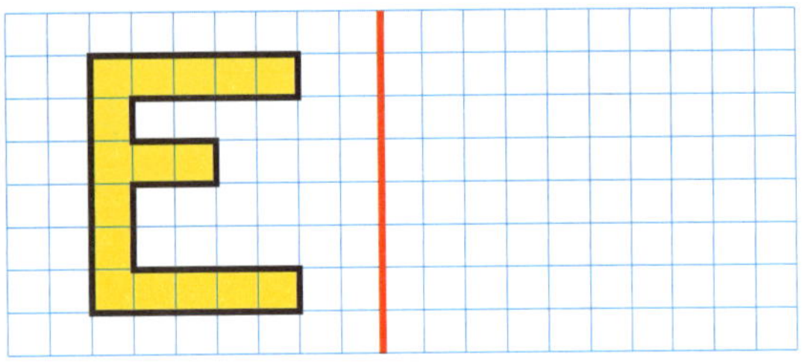

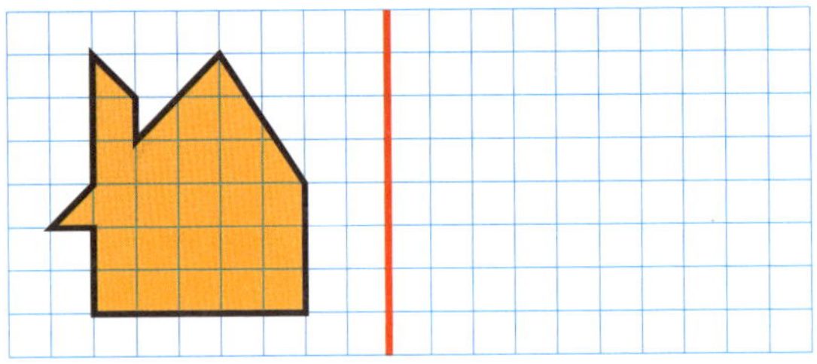

2 **Traslada la figura los cuadrados que se indican y coloréala.**

- Ocho cuadrados a la derecha.
- Nueve cuadrados a la izquierda.
- Dos cuadrados hacia arriba.
- Tres cuadrados hacia abajo.

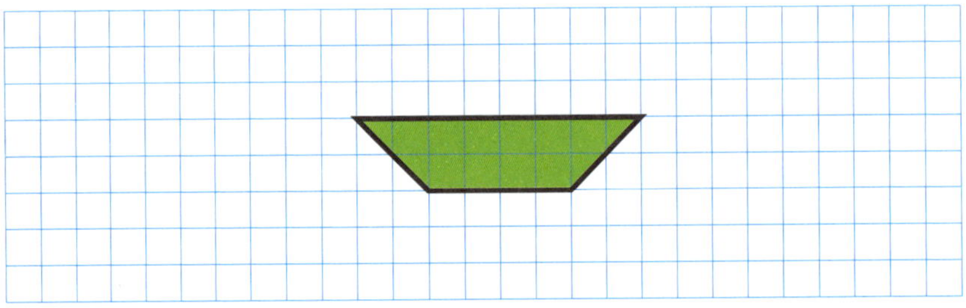

3 **Observa la figura y dibuja.**

1.° La figura simétrica de la figura **1** respecto a la recta roja.

2.° La figura simétrica de la figura **2** respecto a la recta azul.

FIGURA **1** | FIGURA **2** | FIGURA **3**

- ¿La figura **3** es una traslación de la figura **1**? ______________________
- ¿Cuántos cuadrados a la derecha tienes que trasladar la figura **1** para obtener la figura **3**?

____

4 **Observa las figuras y dibuja una recta para que sean simétricas.**

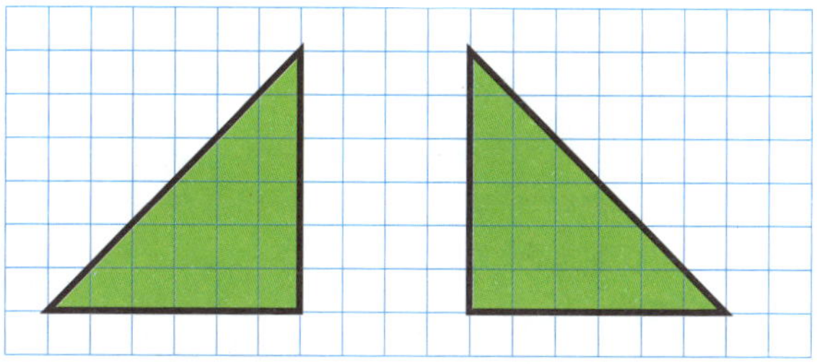

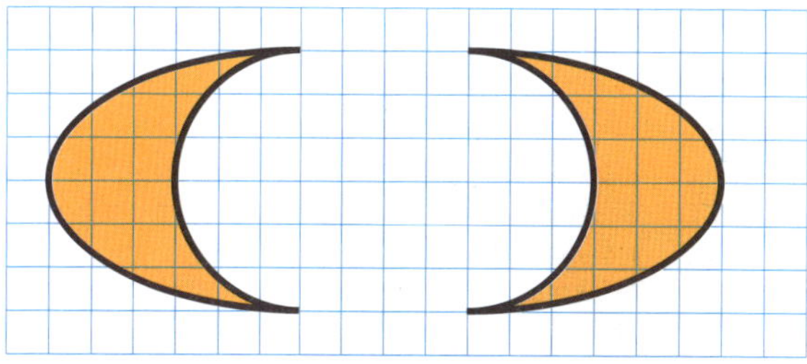

5 **Completa los mosaicos sabiendo que son simétricos respecto a la recta roja y respecto a la recta azul.**

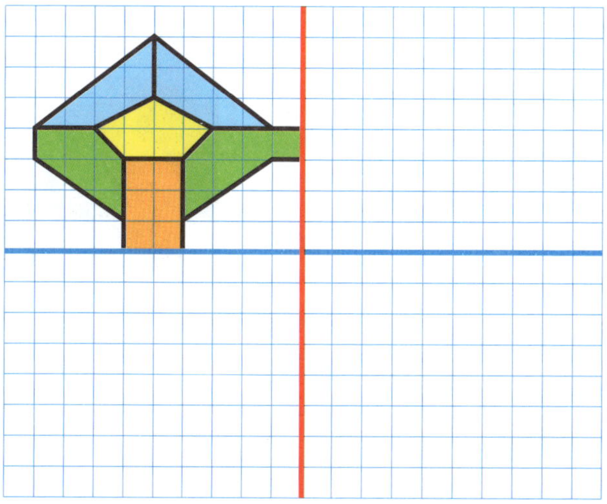

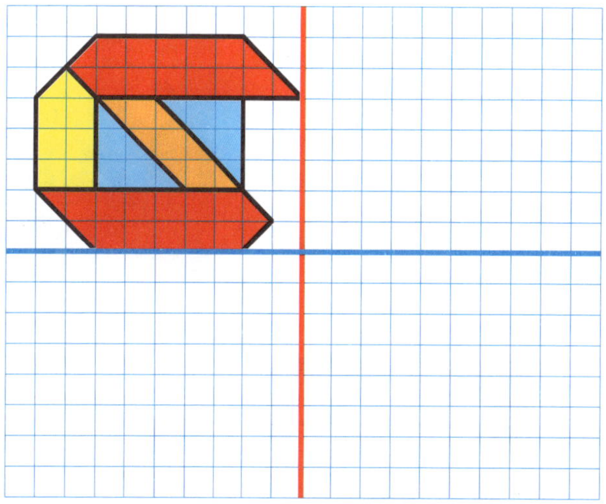

6 **RAZONAMIENTO. Lee y averigua en qué figura piensa cada niño.**

- Es un cuadrilátero.
- Tiene cuatro ejes de simetría.

Es un ______________________________.

- Tiene un número impar de lados.
- Tiene un eje de simetría.

Es un ______________________________.

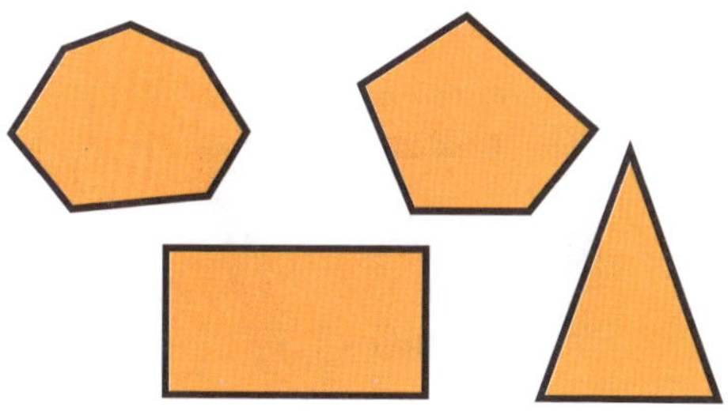

FICHA 4. Mejoro mis competencias

1 Busca las dimensiones de cada cuadro y calcula su perímetro en centímetros.

LAS MENINAS
Diego Velázquez
Ancho: **2** m y **76** cm
Alto: **3** m y **10** cm

EL GUERNICA
Pablo Picasso
Largo: **7** m y **77** cm
Ancho **3** m y **49** cm

LA VENDIMIA
Francisco de Goya
Ancho: **1** m y **90** cm
Alto: **2** m y **75** cm

LOS NIÑOS DE LA CONCHA
Murillo
Largo: **1** m y **24** cm
Ancho **1** m y **4** cm

Ancho ▶ **2** m y **76** cm = **200** cm + **76** cm = _____ cm

Alto ▶ ______________________________

Perímetro ▶ ______________________________

Ancho ▶ **1** m y **90** cm ______________________________

Alto ▶ ______________________________

Perímetro ▶ ______________________________

Largo ▶ ______________________________

Ancho ▶ ______________________________

Perímetro ▶ ______________________________

Largo ▶ ______________________________

Ancho ▶ ______________________________

Perímetro ▶ ______________________________

FICHA 5. Repaso

1 **Calcula y averigua en qué pueblo vive cada niño.**

En verano, al pueblo de Mónica van **9.800** visitantes.
La población llega hasta **18.000** personas.
¿En qué pueblo vive Mónica?

Al pueblo de Sergio van **6.500**.
La población llega entonces hasta **24.000**.
¿En qué pueblo vive Sergio?

Al pueblo de Laura van **12.700**.
La población llega hasta **20.000**.
¿En qué pueblo vive Laura?

Al pueblo de Carlos van **8.500**.
La población llega hasta **30.000**.
¿En qué pueblo vive Carlos?

FICHA 1. Prismas y pirámides

1 Escribe prisma o pirámide.

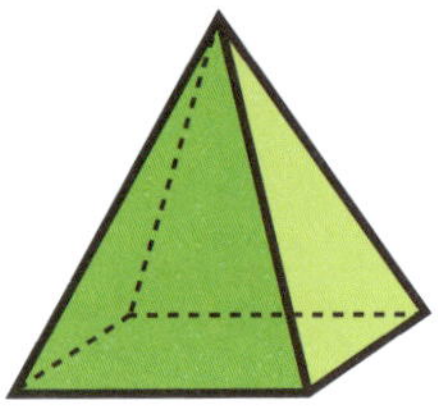
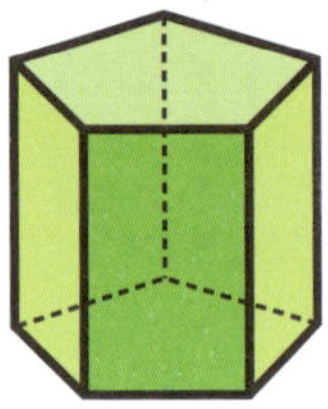
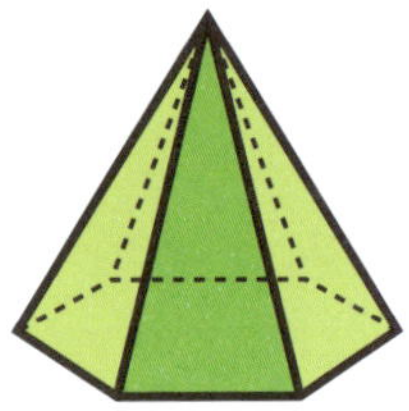
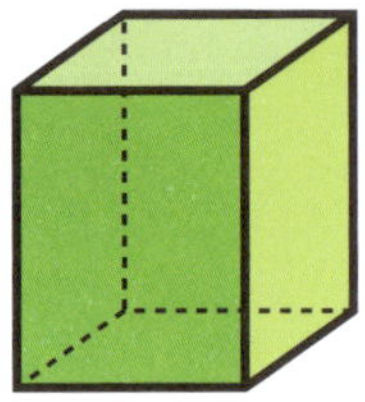

______ ______ ______ ______

2 Escribe cómo se llaman los elementos señalados.

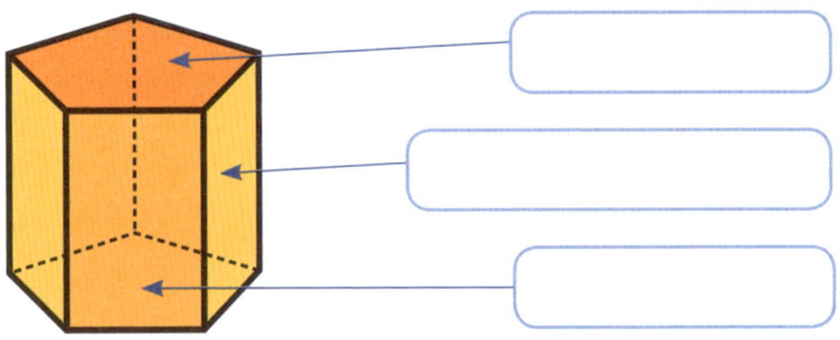
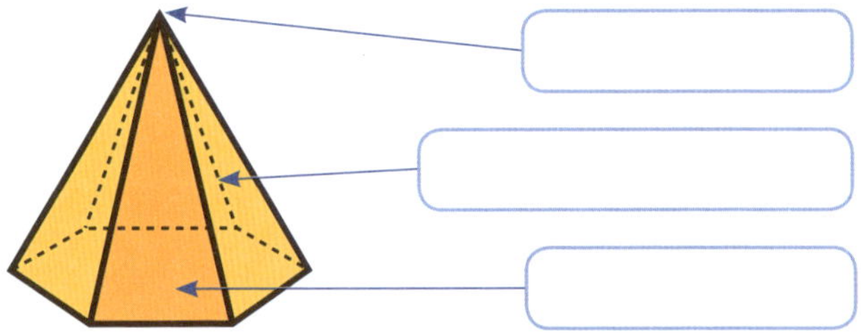

3 Observa cada figura y completa su ficha.

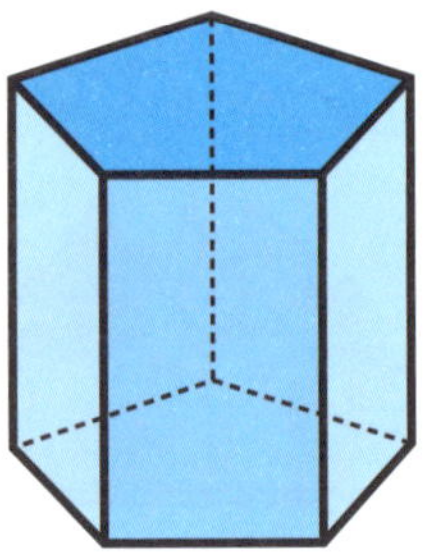

Nombre ▶ prisma

Número de bases ▶ ______

Número de caras laterales ▶ ______

Número total de caras ▶ ______

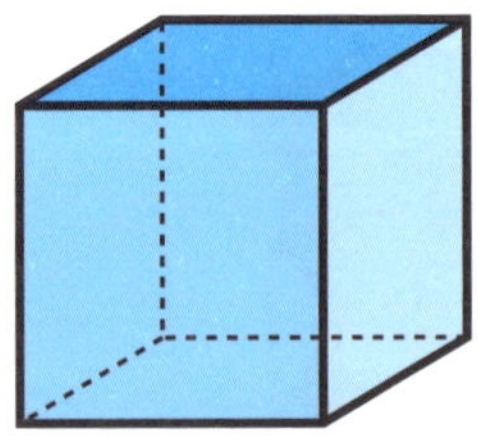

Nombre ▶ ______

Número total de caras ▶ ______

Forma de las caras ▶ ______

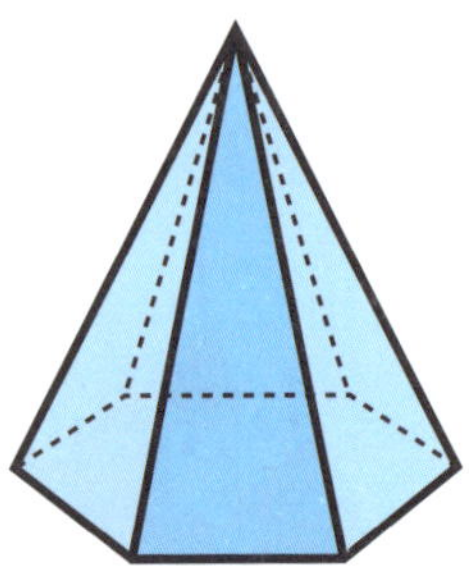

Nombre ▶ ______

Número de bases ▶ ______

Número de caras laterales ▶ ______

Número total de caras ▶ ______

4 Piensa y contesta.

Un prisma tiene 5 caras. ¿Qué forma tiene el polígono de sus bases? ¿Por qué? ______

______

FICHA 2. Clasificación de prismas y pirámides

1 Relaciona.

Prisma triangular

Pirámide triangular

Prisma cuadrangular

Pirámide cuadrangular

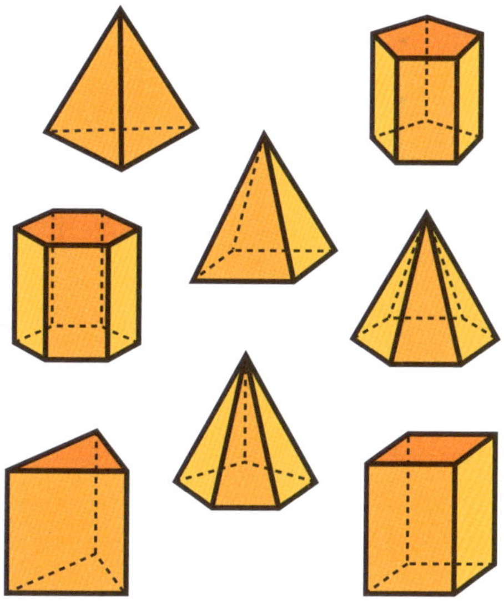

Prisma pentagonal

Pirámide pentagonal

Prisma hexagonal

Pirámide hexagonal

2 Escribe el nombre de cada cuerpo.

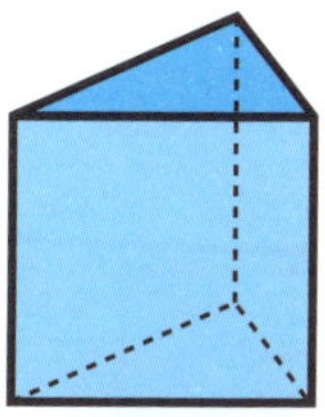

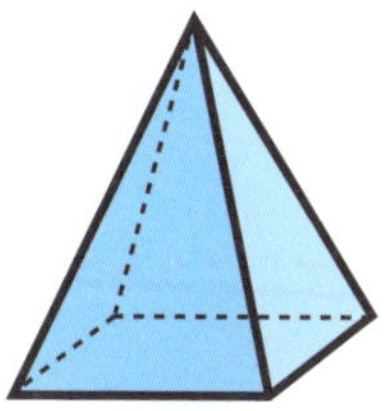

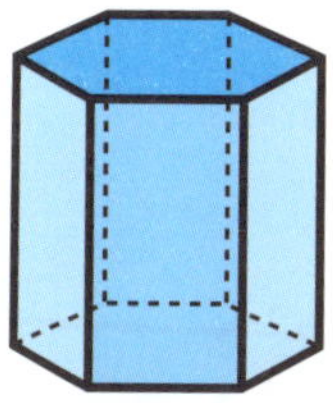

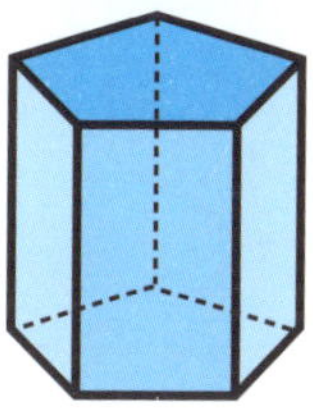

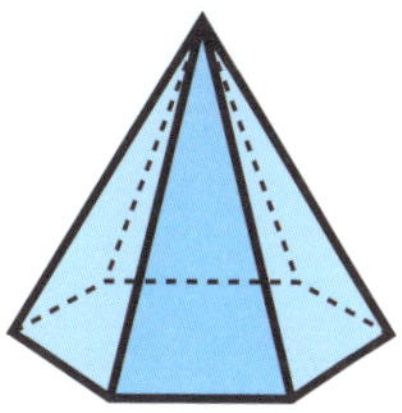

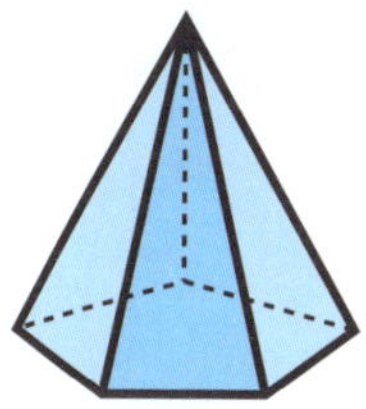

3 RAZONAMIENTO. Lee y escribe qué clase de prisma o pirámide es.

- Tiene dos bases.
- Tiene tres caras laterales.

- Tiene una base.
- Tiene seis caras.

FICHA 3. Cuerpos redondos

1 **Rodea los cuerpos con alguna superficie curva y sus nombres. Después, relaciona.**

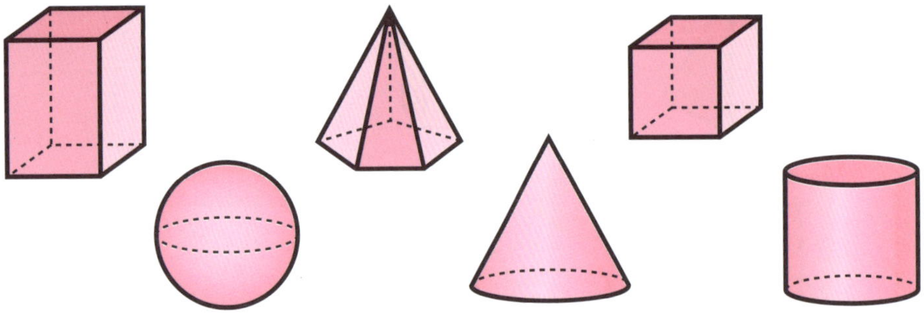

Prisma
Pirámide
Cilindro
Cono
Esfera

2 **Escribe cómo se llaman los elementos señalados.**

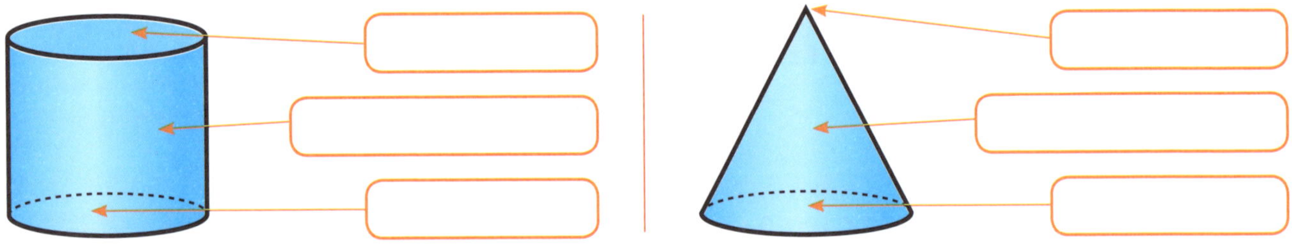

3 **Piensa y contesta.**

- ¿En qué se parecen un prisma y un cilindro? ¿En qué se diferencian?

- ¿En qué se parecen una pirámide y un cono? ¿En qué se diferencian?

4 **Escribe el nombre de un objeto que tenga la forma que se indica.**

Cilindro ▶

Cono ▶

Esfera ▶

FICHA 4. Desarrollos de cuerpos geométricos

1 **¿Con cuál de estas figuras no se puede formar un cubo? Rodéala y explica por qué.**

____

____

2 **Rodea la figura con la que se puede formar una pirámide triangular.**

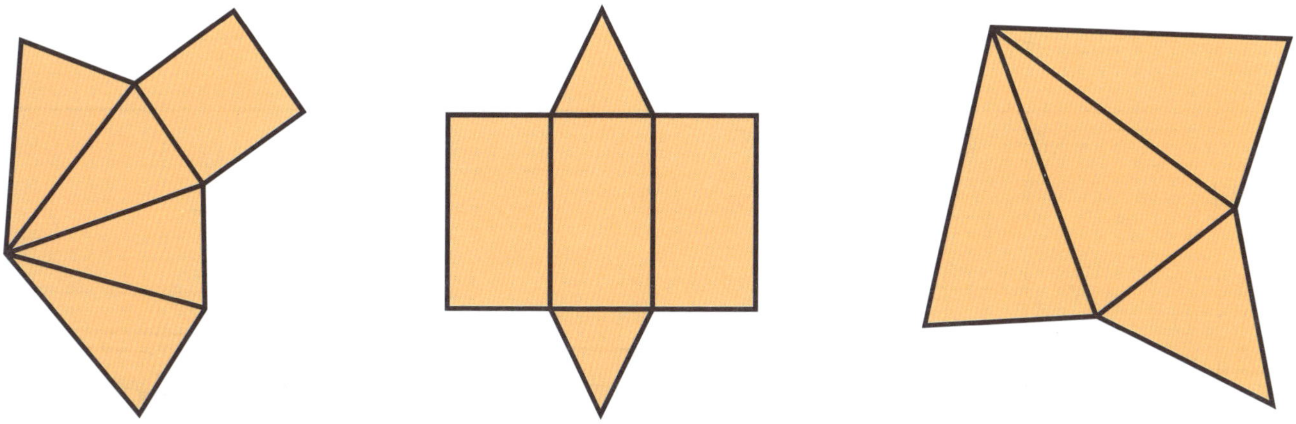

- Rodea de rojo la base y las caras laterales de azul.

3 **Observa el desarrollo de un dado y colorea.**

La cara con 1 punto.

La cara con 2 puntos.

La cara con 3 puntos.

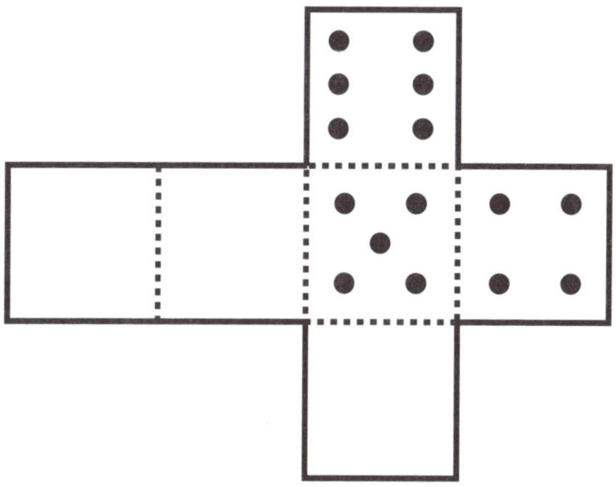

FICHA 5. Mejoro mis competencias

1 Lee la noticia y escribe el nombre de cada escultura y la posición en la que quedó en el concurso.

YA HAY ESCULTURA PARA LA PLAZA

Hace varios meses, se convocó un concurso de esculturas para adornar la plaza de nuestro pueblo. Se presentaron una gran variedad de esculturas y el jurado ha dado por finalistas las siguientes:

PRIMER PREMIO. El ojo de tiburón, formada por prismas, cilindros y conos.

SEGUNDO PREMIO. La rosa azul, formada por pirámides, conos y esferas.

TERCER PREMIO. Estrella fugaz, formada por cilindros, prismas y pirámides.

Nombre de la escultura: ______________________

Posición en el concurso: ______________________

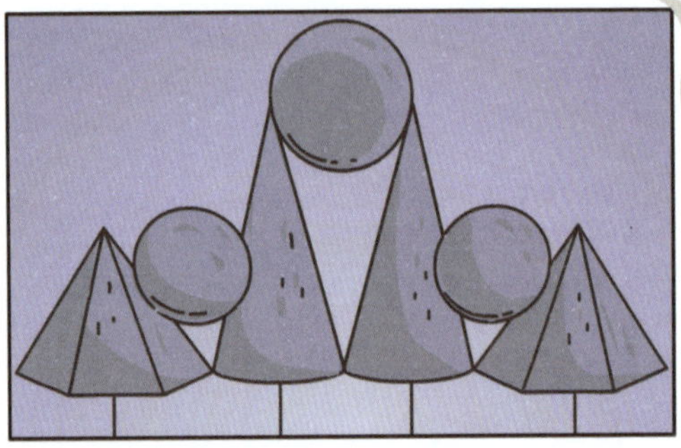

Nombre de la escultura:

____

Posición en el concurso:

____

____

Nombre de la escultura:

____

Posición en el concurso:

____

____

FICHA 6. Repaso

1 Rodea.

Los números que tienen 8 centenas.

15.805 53.180
8.915 1.842
4.580 90.521

Los números que tienen 5 unidades de millar.

4.546 15.324
5.419 5.821
45.273 50.618

Los números que tienen 3 decenas de millar.

23.420 3.976
31.695 45.273
26.314 34.025

2 Relaciona las piezas y calcula.

Suma 23.756 | Resta 9.754 | Multiplica 4.782 | Divide 8.454

a 12.300 | por 9 | entre 6 | y 8.769

23.756 + 8.769

Dirección de arte: **José Crespo**

Proyecto gráfico: **Pep Carrió**
Ilustración de portada: **Sergio García**

Jefa de proyecto: **Rosa Marín**
Coordinación de ilustración: **Carlos Aguilera**
Jefe de desarrollo de proyecto: **Javier Tejeda**
Desarrollo gráfico: **Rosa María Barriga, Raúl de Andrés**

Dirección técnica: **Ángel García Encinar**

Coordinación técnica: **Alejandro Retana**
Confección y montaje: **Hilario Simón, Monocomp**
Corrección: **Marta Rubio, Nuria del Peso**
Documentación y selección fotográfica: **Nieves Marinas**

Fotografías: F. Po; J. C. Muñoz; J. Jaime; ORONOZ; S. Yaniz; J. M.ª BARRES; MUSEUM ICONOGRAFÍA; MUSEUM ICONOGRAFÍA/J. Martin; MUSEO NACIONAL CENTRO DE ARTE REINA SOFÍA; MUSEO NACIONAL DEL PRADO; ARCHIVO SANTILLANA

Torrelaguna, 60. 28043 Madrid
Printed in Spain

ISBN: 978-84-680-1074-8
CP: 367385
Depósito legal: M-13534-2012